asselli

3

T0161596

© 2009, Edizioni Terra Santa s.r.l. - Milano

Traduzione dal francese di Giorgio Vigna

*Per informazioni sulle opere pubblicate
e in programma rivolgersi a:*

Edizioni Terra Santa
Via Giovanni Gherardini, 5 - 20145, Milano
Tel. +39 02 34592679
Fax + 39 02 31801980
http://www.terrasanta.net
http://www.edizioniterrasanta.it
e-mail: editrice@edizioniterrasanta.it

Copertina, progetto grafico
e servizi editoriali
a cura di Pagina soc. coop. - Bari

Finito di stampare nel luglio 2009
da Corpo 16 s.n.c. - Bari
per conto di Edizioni Terra Santa

ISBN 978-88-6240-084-8

Indice

San Francesco
e l'Islam
Storia
di un incontro

Nel luglio del 1219, su una nave che trasportava i soldati per la quinta crociata, frate Francesco raggiunse San Giovanni d'Acri, divenuta capitale dopo che Saladino aveva ripreso Gerusalemme e tutti i Luoghi Santi. Il piccolo uomo di Assisi vi trovò Elia da Cortona e gli altri frati partiti due anni prima per fondare la Provincia d'Oltremare.

Malgrado la gioia di rivedersi e di pregare insieme, pare che Francesco non si fosse attardato. La sua sete di avvicinare i saraceni era grande, e senza dubbio alla prima occasione salì su una nave in partenza per Damietta, sul delta del Nilo, là dove si combatteva. Portava già con sé la speranza folle di vedere il sultano? Malek al-Kamel, nipote di Saladino e sultano della quasi totalità delle terre musulmane, difendeva la città-fortezza assediata da più di un anno dai crociati, i quali, non riuscendo a riprendere la loro città santa, avevano il progetto di scambiarla con questa chiave dell'Egitto che apre la via verso Il Cairo. La *umma* (la comunità universale dei credenti considerata come la matrice della società musulmana) era in gran pericolo, e i due fratelli del sultano accorsero con le loro truppe in aiuto al fratello maggiore.

Alla fine di agosto, dopo mesi insanguinati, i nemici convennero per una tregua di tre settimane. Francesco d'Assisi vide in questa opportunità l'ora di Dio e partì verso il campo degli «infedeli», non del tutto certo di ritornarne vivo.

Ripercorriamo le tappe salienti di questo incontro tra il Poverello d'Assisi e il sovrano musulmano: un episodio che merita di essere riscoperto e studiato. E che può fornire utili spunti per l'oggi.

Paolo Gaidano, *San Francesco davanti al sultano* (1898); convento di San Salvatore, Gerusalemme.

Francesco (e i suoi frati) di fronte all'Islam

di Gwenolé Jeusset

Francesco voleva andare tra i musulmani per dir loro che Gesù, sulla croce, ci aveva resi suoi fratelli. Entrati insieme nella famiglia del Signore, anche noi dovevamo di conseguenza considerarci come fratelli. Ci teneva talmente a condividere con loro questa bella notizia che per tre volte fece i suoi tentativi, senza scoraggiarsi dei fallimenti. La prima volta, appena partito dall'Italia, a causa dei venti contrari la nave si ritrovò sulle coste della Dalmazia. Al secondo tentativo, con l'idea di raggiungere l'Andalusia e forse il Marocco, fu bloccato da una malattia nel nord della Spagna. Ma non si scoraggiò, e il terzo tentativo fu quello buono.

Nel delta del Nilo

Verso le linee avversarie, in quei primi giorni di settembre del 1219, Francesco porta con sé frate Illuminato di Rieti, suo compagno fin dal 1210. I soldati all'inizio li ritengono spie e li percuotono, ma ben presto esitano, perché durante la tregua vengono inviati emissari per discutere del seguito della guerra. Siccome i frati minori gridano che vogliono vedere il sultano, sono condotti al suo accampamento, situato a quindici chilometri dalla città.

Malek al-Kamel interroga quello strano monaco. Secondo san Bonaventura «Francesco, il servo di Dio, con cuore intrepido rispose che egli era stato inviato non da uomini, ma da Dio altissimo» (*Leggenda maggiore*, IX,8 / FF 1173). Francesco non è inviato dal papa o dai crociati: la sua è una marcia pacifica, spirituale e fraterna.

Approdo di san Francesco in Terra Santa (miniatura dalla *Legenda Maior* di san Bonaventura, Museo Francescano dell'Istituto Storico dei Cappuccini, Roma).

«Come la pietà del cuore lo aveva reso fratello di tutte le altre creature, così la carità di Cristo lo rendeva ancor più intensamente fratello di coloro che portano in sé l'immagine del Creatore e sono stati redenti dal sangue del Redentore» (*Leggenda maggiore*, IX,4 / FF 1168). Sarebbe molto interessante conoscere i dettagli precisi dei colloqui, ma non abbiamo molti elementi. Un punto è certo: che il «monaco» si dichiara cristiano, va dritto all'essenziale e soprattutto Francesco è ascoltato… elemento di certo non scontato data la situazione. Passano molti giorni… Stranamente, questi infedeli pregano! Cinque volte al giorno Francesco e Illuminato ascoltano il *muezzin* che alza la sua voce al cielo. L'uomo di Dio, venuto dal Paese dei Franchi, scopre, nella luce divina, un aspetto sconosciuto. Questi musulmani non sono suoi fratelli solo in quanto creature – già lo sapeva;

San Francesco e fra Illuminato sul campo di battaglia (ms 1266, illustrazione 132, Museo Francescano, Roma).

non sono suoi fratelli solo a causa del sangue versato da Gesù per la moltitudine – lo aveva appena annunciato; essi sono fratelli anche a causa di questa comunione nella preghiera al Dio unico. Quale scoperta!

«Ecco un cristiano che non è come gli altri»

Il sultano, da parte sua, trova gran piacere ad ascoltare questo credente così serenamente convinto della propria fede in Gesù Dio. Ecco un cristiano che non è come gli altri. Come si è lontani, con lui, dall'odio e dalla violenza! Siccome ciascuno si esprime nella cortesia reciproca, il tempo scorre: rapidamente per il musulmano, un po' meno per il cristiano che si rende conto che gli altri non sono più pronti di lui a cambiare religione.

Senza dubbio, due settimane dopo il loro arrivo, la tregua finisce e si avvicina il momento della partenza. Se non può trattenere questo *sufi*[1] cristiano, il sultano vorrebbe consegnargli ricchi regali e denaro, ma Francesco è povero per imitare – lo dice lui stesso – «Gesù, la beatissima Vergine e i suoi discepoli». Dunque non può accettare.

Malek al-Kamel pensa probabilmente al pilastro dell'Islam, che comanda due cose: l'elemosina ai poveri e l'aiuto alla costruzione o alla manutenzione delle moschee. Propone allora al monaco di adoperare ciò che vuol donargli, non per sé ma per i cristiani poveri e le chiese. Il Poverello rifiuta un'altra volta: è arrivato senza armi, ripartirà senza ricchezze; il suo modo di imitare il Signore Gesù è radicale.

Francesco non condanna il nobile gesto del re. Al contrario, forse pensa che ben pochi credenti, da entrambe le parti, sarebbero capaci di avere una visione così aperta. Questo genere di desiderio non sarebbe, per di più, un tradimento e un'eresia?

Giunge l'ora dell'addio. Malek al-Kamel si raccomanda alla preghiera del non-musulmano… Con frate Illuminato, Francesco riparte senza un soldo come il suo Maestro Gesù, ma circondato da una scorta principesca: è l'ultimo gesto del sultano. Il soggiorno termina con uno spettacolo anacronistico, stupefacente per i

[1] Nome che identifica il mistico musulmano.

musulmani che vedono passare la carovana e per gli sbigottiti crociati che vedono ritornare Francesco, che ritenevano già morto.

Nonostante il silenzio delle fonti, si è tentati di *immaginare* Malek al-Kamel dietro le sue fortificazioni, intento ad osservare il drappello che si allontana, mentre sogna il giorno in cui, senza odio e senza guerra, cristiani e musulmani potranno riprendere il cammino dell'incontro.

Purtroppo, sulle due rive dell'oceano di odio, non si è a quel punto.

Ma per inquadrare l'episodio di Damietta in una luce di verità, dobbiamo riferire di un'altra spedizione, quella dei frati minori verso il Marocco.

San Francesco affronta la prova del fuoco (miniatura dalla *Legenda Maior* di san Bonaventura, Museo Francescano dell'Istituto Storico dei Cappuccini, Roma).

VERSO L'ANDALUSIA E IL MAROCCO

Tutti originari dell'Italia e inviati nello stesso tempo in seguito al capitolo generale del 1219, Berardo, Ottone, Adiuto, Accursio e Pietro lasciavano il loro Paese con entusiasmo. Talmente frettolosi di morire, rischiarono di non vedere il Marocco e di essere martiri a Siviglia invece che a Marrakesh.

Per poter entrare nella città andalusa, allora sotto il dominio musulmano, lasciarono l'abito religioso – stando ad una cronaca del XIV secolo. Ricevettero gli abiti secolari dalla sorella del re di Portogallo, la quale aveva un po' di Marocco nel cuore, perché un suo fratello, Don Pedro, in lite con il re loro fratello, era diventato capo della guardia del sultano. Forse questi frati potevano arrivare fino a lui…!

Una volta sul posto, la prudenza non sembra più una virtù francescana. Di fronte al principe di Siviglia, senza alcuna formalità, i frati dichiarano: «Noi siamo della parte dei *Romani*». I «Romani», i nemici comandati dal papa, che vogliono cacciare tutti i musulmani dall'Andalusia! «Che cosa venite a fare qui?». «Noi veniamo ad annunciarvi la fede di nostro Signore Gesù Cristo – dicono – affinché voi abbandoniate Maometto, questo vile schiavo del diavolo».

L'effetto è stroncante; il principe vuole tagliar loro la testa, ma suo figlio lo esorta alla prudenza. Infatti, sette anni dopo la sconfitta di Las Navas di Tolosa, i cristiani vincitori erano diventati molto forti e bisognava evitare rappresaglie. Il principe allora si sbarazza di loro rimandandoli al suo capo, il sultano del Marocco (al tempo così si chiamava Marrakesh).

Là i frati minori proclamano la grandezza della religione cristiana e… insultano l'Islam e il suo Profeta. Per due volte si trovano sul passaggio del sovrano al-Mustansir. Come i suoi sudditi, egli prende questi pazzi di Dio come dei pazzi e basta, e si accontenta di calmarli spedendoli alla prigione locale. Saranno liberati venti giorni dopo. Don Pedro e la sua milizia cristiana sono allora incaricati di ricondurli alla frontiera nord. Ma non ci si sbarazza facilmente dei frati minori che si credono nella volontà di Dio.

(A fronte). Il martirio dei francescani a Ceuta (Galleria dell'Accademia, Firenze).

UNA REGOLA PER ANDARE TRA I SARACENI

«Dice il Signore: "Ecco, io vi mando come pecore in mezzo ai lupi. Siate dunque prudenti come serpenti e semplici come colombe". Perciò qualsiasi frate che vorrà andare tra i Saraceni e altri infedeli, vada con il permesso del suo ministro e servo. Il ministro poi dia loro il permesso e non li ostacoli se vedrà che sono idonei ad essere mandati; infatti dovrà rendere ragione al Signore, se in queste come in altre cose avrà proceduto senza discrezione. I frati poi che vanno fra gli infedeli, possono comportarsi spiritualmente in mezzo a loro in due modi. Un modo è che non facciano liti o dispute, ma siano soggetti ad ogni creatura umana per amore di Dio e confessino di essere cristiani. L'altro modo è che quando vedranno che piace al Signore, annunzino la parola di Dio perché essi credano in Dio onnipotente Padre e Figlio e Spirito Santo, Creatore di tutte le cose, e nel Figlio Redentore e Salvatore, e siano battezzati, e si facciano cristiani, poiché, se uno non sarà rinato per acqua e Spirito Santo non può entrare nel regno di Dio» (*Regola non bollata*, XVI,1-7 / FF 42-43).

«E tutti i frati, ovunque sono, si ricordino che si sono donati e hanno abbandonato i loro corpi al Signore nostro Gesù Cristo. E per il suo amore devono esporsi ai nemici sia visibili che invisibili, poiché dice il Signore: "Colui che perderà l'anima sua per causa mia la salverà per la vita eterna". E: "Se poi vi perseguitano in una città fuggite in un'altra" (*Regola non bollata*, XVI,10-11.14 / FF 45).

La Regola definitiva ha un testo più breve: «Quei frati che, per divina ispirazione, vorranno andare tra i Saraceni e tra gli altri infedeli, ne chiedano il permesso ai loro ministri provinciali. I ministri poi non concedano a nessuno il permesso di andarvi se non a quelli che riterranno idonei ad essere mandati» (*Regola bollata*, XII,1-2 / FF 107). Frutto dell'esperienza (l'accento è sul discernimento dei superiori) e probabile conseguenza dello spirito delle crociate, non si parla più dell'atteggiamento da tenere verso i fratelli da amare. Il concilio Lateranense IV del 1215 spingeva allo scontro e non all'incontro. Il papa e la Curia, come anche i discepoli di san Francesco, non compresero l'apertura evangelica del capitolo XVI della *Regola non bollata*.

Eccoli dunque di nuovo alla grande piazza di Marrakesh: è venerdì, e il sultano è uscito dal suo palazzo per andare a pregare alla moschea di Koutoubia. Che bella occasione per frate Berardo che cerca in tutti i modi di arrampicarsi per farsi vedere e per farsi sentire: «Maometto vi porta su un cammino falso, e la menzogna alla morte eterna, dove è eternamente tormentato con i suoi seguaci!».

I frati minori sono arrestati e torturati; ma è tutto inutile, e il loro atteggiamento indomabile porta il sultano ad una crisi di nervi. La cronaca dice che «con la sua mano staccò la testa» a ciascuno dei cinque frati. Era il 16 gennaio 1220.

Ora, bisogna sapere che quest'uomo era spietato contro gli infedeli. Egli non approvò suo fratello il sultano d'Egitto quando, qualche mese dopo la visita di frate Francesco, rifiutò di annegare l'armata di 30 mila crociati, quando era sufficiente aprire le cataratte del delta. Al-Mu'azzam veramente non era uomo da commuoversi di fronte al pio desiderio di un infedele.

5. Infine, si sarebbe dovuta trovare una notevole scorta per proteggere Francesco da un popolo senza scampo, truppa fin troppo utile nel momento in cui la crociata sembrava trionfare. È difficile immaginare il Poverello che accetta questo ambiente militare. Il pellegrinaggio sembra preoccuparlo molto meno dell'incontro con i musulmani.

IL VICOLO CIECO E LA DEFORMAZIONE

Diploma imperiale di Osman Khan III, particolare (convento di San Salvatore, Gerusalemme).

Nel 1225 papa Onorio III predicherà la moderazione e il 20 febbraio 1226 scriverà all'arcivescovo di Toledo, incaricato della missione in Marocco, di mandare uomini prudenti: «Si studino di muoversi con prudenza presso coloro che sono al di fuori (i musulmani), non come insensati, indiscreti e impetuosi, ma come saggi, prudenti, di età matura, come si conviene…».

Tuttavia le reliquie portate in Portogallo eccitano la devozione dei pellegrini, e anche se gli agiografi certamente esagerano, comunque l'atmosfera di Marrakesh non è quella di Damietta. Questo sembra chiarissimo. Serviranno più di settecento anni allo Spirito Santo, che rispetta la nostra libertà, per farci capire che l'incontro vissuto da Francesco d'Assisi era importante tanto quanto il martirio in generale, ed era il contrappunto del martirio di Marrakesh.

Damietta è l'incontro senza martirio; Marrakesh è il martirio senza incontro. Damietta è l'incontro tra due credenti; Marrakesh è lo scontro di due sistemi. Marrakesh è il vicolo cieco; Damietta è la strada che apre gli orizzonti.

Dal momento che non ha portato né al martirio né alla conversione del sultano, Damietta fu considerata come un fallimento. Marrakesh, al contrario, apparve come uno stimolo. Qui si entrò in urto e prepotenza nel ghetto altrui; là si pensava che il grande Francesco d'Assisi ne aveva solamente sfiorato le serrature. Per la cristianità, Damietta non era un esempio ed era meglio tacere l'episodio poco glorioso della vita del grande santo. Così, cento anni dopo, l'episodio venne ripensato nello spirito della crociata, dando vita a una serie di deformazioni che durarono poi secoli.

LA LEGGENDA DEI «FIORETTI» E ALTRE MISTIFICAZIONI

Nel capitolo XXIV dei celebri *Fioretti* (ca. 1320), si afferma senza esitazione la conversione del sultano, ritardata semplicemente per salvare Francesco e il suo sedicente neofita dalla folla incollerita fino alla fine della vita di Malek al-Kamel. A questo punto appaiono, come per incanto, due frati in saio per battezzarlo moribondo sotto la sua tenda.

Tutti i cronisti contemporanei avevano notato la cortesia di questo re musulmano. Siccome però in quel tempo non si poteva trovare presso gli «altri» qualcuno perbene, allora lo si convertiva. La conversione del sultano è il recupero di un «buon» musulmano, così come Luigi re di Francia, morto a Tunisi mentre conduceva la settima crociata, è stato recuperato dai musulmani. Infatti, non lontano da questa città, si trova la tomba di un *sufi* del XIII secolo e per molto tempo i musulmani dissero che si trattava del re di Francia; per loro, il santo re capì che l'Islam era la vera religione; fuggì dunque dall'accampamento dei cristiani, si sposò con una musulmana… probabilmente molto bella, da cui ebbe una figlia poi sepolta vicino a lui, a Sidi Bou Said!

Un altro esempio è tratto dal *Liber exemplorum*, compendio di aneddoti per predicatori francescani. Questo manoscritto si trova nella Biblioteca Vaticana, e i fogli in questione sono dell'inizio del XIV secolo. Frate Illuminato è morto da trenta o quarant'anni, nel 1266. In questo testo molto breve, che pretende di raccogliere i ricordi di frate Illuminato, sono proposti due aneddoti. Il primo riprende la storia di un tappeto di croci sul quale i frati avrebbero camminato per arrivare al sultano, felice di provocarli. L'ironia di Malek al-Kamel avrebbe causato una risposta ben poco cortese di Francesco, che finiva così: «Se a noi è stata data la santa croce del Signore, a voi è stata consegnata quella dei ladroni. Ecco perché io non ho avuto scrupolo a camminare sui simboli dei briganti». Ora, questa leggenda è vecchia di secoli, utilizzata già per un patriarca cristiano orientale. La seconda storiella semplicemente fa di Francesco un focoso difensore della crociata: «È giusto che i cristiani invadano la terra che voi abitate, poiché voi bestemmiate il nome di Cristo e allontanate dal suo culto tutti quelli che potete». Non è facile vedere il sultano che mantiene la sua cortesia al punto di far condurre il suo ospite ai crociati con una scorta principesca!

Il colmo della deformazione è raggiunto verso il 1375. Le cronache portoghesi dicono che, nel tentativo di raggiungere la Spagna, Francesco ha benedetto in anticipo il convento di Alanquer (Portogallo), luogo santo

da dove sarebbero partiti i protomartiri. Queste cronache dicono che Francesco avrebbe incaricato i suoi discepoli di andare ad annunciare Gesù Cristo e di lottare contro la legge di Maometto. Infine sostengono che,
ascoltando il racconto della loro passione, avrebbe
esclamato la sua approvazione: «Ho cinque veri frati
minori». Questa espressione attribuita a Francesco fino ai nostri giorni precedette la canonizzazione tardiva
dei cinque martiri ad opera del papa francescano Sisto
IV nel 1481. Non si è colto che questa espressione era
una condanna inconsapevole del senso della visita al
sultano.

ORDALIA, MA GIOTTO AVEVA RAGIONE?

A proposito della visita al
sultano, grandi pittori hanno
riprodotto una scena pittoresca: il
santo che domanda al sultano di
passare attraverso il fuoco insieme
con gli *imam* o i mistici della sua
corte. Bisogna credere all'autenticità
della scena immortalata in particolare
da Giotto nella basilica superiore di
Assisi? Più chiaramente: Francesco
compì veramente la prova del fuoco?
Nella *Leggenda maggiore*, san
Bonaventura racconta: «Se tu esiti ad
abbandonare la legge di Maometto
per la fede di Cristo, dà ordine di
accendere un fuoco il più grande
possibile: io, con i tuoi sacerdoti,
entrerò nel fuoco e così, almeno,
potrai conoscere quale fede, a ragion
veduta, si deve ritenere più certa e
più santa» (*Leggenda maggiore* IX,8 /
FF 1174). Anche se porre la domanda
può sembrare iconoclasta, si può
avere qualche dubbio.

Innanzitutto, Bonaventura è l'unico e
l'ultimo dei sedici scrittori censiti nel
mezzo secolo successivo alla visita al
sultano a riportare tale avvenimento.
Inoltre, se al momento della
redazione del cap. XVI della *Regola
non bollata* si può ipotizzare che
Francesco ignorasse le decisioni del
Concilio Lateranense IV a proposito
delle relazioni con i musulmani, è più
difficile credere che ignorasse le
proibizioni relative all'ordalia, emesse
da vari concili precedenti. Infine,
questo genere di provocazione non
pare assolutamente pertinente a un
uomo come san Francesco. Non era il
suo stile.
Louis Massignon ha proposto
un'ipotesi molto interessante, ma le
cui basi storiche non sono chiare.
Massignon immagina che Francesco,
proponendo l'ordalia al sultano,
compensi il rifiuto dei cristiani di
Najran venuti a Medina per

sottomettersi al Profeta dell'Islam. Maometto avrebbe loro proposto lo stesso giuramento di Dio ed essi rifiutarono. Senza discutere se il fatto del VII secolo sia esatto, bisognerebbe essere anche sicuri che Francesco conoscesse quella vicenda. Partire poi dalla frase del Celano: «Il Signore non concesse la realizzazione del desiderio del Santo [di essere martire a Damietta], riservandogli il privilegio di una grazia singolare»

(*Vita prima*, 57 / FF 423), chiara allusione alla Verna, non giustifica l'idea che le stigmate siano una sorta di chiamata all'Islam. Non è chiaro per noi ed è ancor meno leggibile per i musulmani.

San Francesco affronta la prova del fuoco davanti al sultano, particolare (Giotto, basilica superiore di San Francesco, Assisi).

Il distruttore di mura

di Gwenolé Jeusset

Da tempo era in cammino e a Damietta Francesco era quasi giunto al termine di questo itinerario della fraternità, mentre l'ultima tappa sarebbe stata alcuni anni più tardi: l'ultimo incontro terrestre e l'accoglienza di «nostra sora morte corporale».

Tanto quanto per la povertà – ma lo si è colto molto meno – Francesco è folle per la fraternità universale a motivo di Cristo. Per essa egli è pronto a rompere i muri o le frontiere tra fratelli che si ignorano o che si vedono solo a fil di spada.

Quando si evoca il fenomeno dell'esclusione nel Medioevo, si parla della lebbra che relega alle porte della città gli uomini e le donne che ne sono affetti. Infatti, ai tempi di Francesco, si possono notare tre tipi di frontiere, tre tipi di esclusioni, tre tipi di lebbra che suscitano paura e che generano tre tipi di lebbrosi: il lebbroso fisico, il lebbroso morale e il lebbroso spirituale. Il bacio di Francesco al lebbroso fisico è ben conosciuto. L'incontro avviene al di là delle mura di Assisi. I cronisti notano che, avendo rotto in se stesso il muro tra i sani e i malati, Francesco compie il suo primo cammino di conversione: ora egli è pronto ad ascoltare Cristo che nella chiesetta di San Damiano gli affida la sua missione: «Francesco, va' e ripara la mia Chiesa». Non si tratta, come lui crede in un primo momento, di restaurare un edificio chiuso, bensì di spingere al largo dell'umanità la barca di Pietro, come ai tempi apostolici.

IL MURO DEI BENPENSANTI

Il secondo muro, quello morale tra i benpensanti e i malpensanti, è simboleggiato dalla relazione con il brigante che incontra nel bosco: è il lebbroso morale. In una delle antiche fonti francescane, la *Leggenda perugina* 90, alcuni frati che vivono in un eremo nei pressi dei briganti vogliono dar da mangiare a questi miserabili; altri frati pensano che così facendo si incoraggia il male. Il Padre, di passaggio, è invitato a fare discernimento. Egli risolve il caso di coscienza dicendo di curare bene i ladri, di capirli come fratelli che soffrono la fame e di far loro la morale solo dopo che li avranno incontrati per la seconda volta, quando essi saranno ammansiti: «Andate, acquistate del buon pane e del buon vino, portate le provviste ai briganti nella selva dove stanno rintanati, e gridate: Fratelli ladroni, venite da noi! Siamo i frati, e vi portiamo del buon pane e del buon vino. Quelli accorreranno all'istante. Voi allora stendete una tovaglia per terra, disponete sopra i pani e il vino, e serviteli con rispetto e buon umore» (*Leggenda perugina* 90 / FF 1646).

Notiamo, di passaggio, la somiglianza e la differenza: fratelli, certo, ma briganti; briganti, certo, ma fratelli. Notiamo altresì la convivialità: umiltà e buon umore vanno insieme nell'incontro con l'altro.

Infine, il lebbroso spirituale, il «pagano» d'Asia, ma soprattutto il musulmano, il saraceno, come lo si chiamava allora, membro della «razza schiava» discendente di Agar, la schiava di Sara, e del suo figlio Ismaele. Anche in questo caso, Francesco supera la barriere della paura di fronte a questi non-cristiani, «figli del demonio»[1]. Qui siamo ai piedi della *grande muraglia*.

[1] *Razza di schiavi, figli del demonio* sono gli epiteti correnti al tempo, quando si parla di musulmani o quando si scrive di loro.

L'ANGELUS, UNA PREGHIERA FRUTTO DEL DIALOGO

L' uso della preghiera dell'Angelus risale al XIII secolo. Francesco di Assisi, che nel suo viaggio missionario si era spinto fino in Oriente, rimase profondamente impressionato dal *muezzin* il quale, cinque volte al giorno, dalla torre della moschea – il minareto – invitava i fedeli a lodare Dio gridando: «Allah è grande, non c'è nessun Dio eccetto Allah!».

Tornato in Italia, Francesco volle che quest'uso, sebbene con altre forme, venisse introdotto anche nelle nostre terre. Così scrive ai superiori – i Custodi – del suo Ordine: «E dovete annunciare e predicare la sua gloria a tutte le genti, così che ad ogni ora, quando suonano le campane, sempre da tutto il popolo siano rese lodi e grazie a Dio onnipotente per tutta la terra» (*Lettera ai Custodi*, 1,8). Scrive anche una lettera ai Reggitori dei popoli, in cui manifesta lo stesso desiderio: «E siete tenuti ad attribuire al Signore tanto onore fra il popolo a voi affidato, che ogni sera si annunci, mediante un banditore o qualche altro segno, che siano rese lodi e grazie all'onnipotente Signore Iddio da tutto il popolo» (*Lettera ai Reggitori dei popoli*, 7).

Non era ancora l'Angelus come lo conosciamo oggi, ma l'idea vi è annunciata chiaramente.

L'iniziatore dell'Angelus come lo conosciamo fu fra Benedetto Sinigardi di Arezzo. Negli anni della gioventù, era l'anno 1211, egli udì predicare il santo di Assisi nella città di suo padre. L'uomo, cresciuto alla maniera dei nobili, fu a tal punto conquistato dalla sua parola da decidere di entrare nell'Ordine. Fra Benedetto ricevette personalmente il saio da Francesco e a 27 anni divenne Provinciale della Marca di Ancona. Il suo spirito missionario lo condusse successivamente in Grecia, Romania e Turchia, dove visse lo scisma tra la Chiesa occidentale e quella orientale. Quindi si recò nella terra di Gesù dove gli fu affidato dai frati di Terra Santa il servizio di Provinciale. Lavorò instancabilmente per 16 anni in questa Provincia e in questo tempo fondò il primo convento francescano a Costantinopoli. Nel 1241 ritornò in patria, nella sua città di Arezzo, e introdusse tra i suoi confratelli del convento di quella città la seguente antifona mariana: «L'angelo del Signore portò l'annuncio a Maria». Dispose che questa antifona fosse pregata alla sera, dando un segnale con il suono delle campane.

L'esempio di Arezzo fece scuola. San Bonaventura, ottavo Ministro Generale e rinnovatore dell'Ordine francescano, prescrisse ai suoi confratelli durante il Capitolo Generale di Pisa del 1263: «I frati devono invitare i fedeli a salutare Maria tre volte, quando alla sera suona in convento Compieta. Devono farlo con le stesse parole con cui l'angelo Gabriele salutò Maria, ossia con l'Ave Maria» (cfr Lc 1,38). Il

Capitolo Provinciale dei frati minori a Padova nel 1294 ordinò ai confratelli quanto segue: «In tutti i conventi si suoni brevemente la campana tre volte alla sera per onorare la Madre di Dio. Tutti i frati devono inginocchiarsi e pregare tre volte: "Ave Maria"».

Nel Medioevo, sullo sfondo di questa pia raccomandazione di preghiera, nasce la convinzione che l'Angelo del Signore abbia portato l'annuncio a Maria di sera.

Quando papa Giovanni Paolo II, il 23 maggio 1993, visitò la città di Arezzo, sostò a pregare davanti alla tomba del Beato Benedetto Sinigardi e disse: «È sempre molto efficace fermarsi a mezzogiorno e pregare la Madonna. Oggi è particolarmente significativo perché noi ci troviamo nel luogo in cui secondo la tradizione è nato l'uso dell'Angelus».

Nel resto del mondo il suono serale delle campane si introdusse dapprima nel 1307 a Gran (Ungheria), quindi a Roma nel 1327. Papa Giovanni XXII nel 1318 ordinò che ogni giorno, alla sera, al suono delle campane si onorasse la Vergine Maria con la recita dell'«Ave». Dal 1317/18 abbiamo la prima notizia del suono al mattino a Parma; il suono a mezzogiorno è riferito per la prima volta a Praga nel 1386.

In un lungo processo temporale si è così cristallizzato il «saluto angelico» che conosciamo.

L'Angelus nella forma odierna si trova per la prima volta nell'*Offizium Parvum Beatae Virginis Mariae* (Piccolo Ufficio della Beata Vergine Maria), edito nel 1571 durante il pontificato di papa Pio V.

La preghiera che accompagna l'Ave Maria al suono delle campane al mattino, a mezzogiorno e a sera, si è affermata in generale alla fine del XVI secolo; in origine era la preghiera della Messa della solennità dell'Annunciazione, il 25 marzo. Nel Messale approvato da papa Paolo VI è la colletta della Memoria della Beata Vergine del Santo Rosario, il 7 ottobre.

La preghiera ricorda l'inaudito avvenimento dell'Annunciazione, l'ora della salvezza: Dio diventa uomo per noi. L'Angelus si caratterizza come una preghiera che scandisce i tre punti centrali della giornata ed è una sorta di «breviario» popolare, che aiuta a santificare il tempo del giorno.

Gottfried Egger

San Francesco predica ai Saraceni (chiesa di Santa Croce, cappella Bardi, Firenze).

La guerra con il mondo Islamico, il mondo delle tenebre, non è una guerra clanica come nell'Europa del tempo: è una guerra contro il Male, una guerra tra due mondi, e se vi sono momenti di pace e anche gesti cavallereschi tra i capi, è perché questi non sempre ascoltano le ideologie religiose della propria parte.

Si fronteggiano due sistemi. Si è riusciti perfino a mobilitare i mistici! Infatti, da parte cristiana, nel XII secolo, san Bernardo aveva pregato il suo anziano monaco divenuto papa col nome di Eugenio III di predicare la crociata. Egli scrive che ogni templare può uccidere i musulmani: «Uccidendo un malfattore, non commette omicidio, ma se posso dirlo, un malicidio…». I fedeli cavalieri possono andare a purificare la Terra Santa dalle «sozzure degli immondi saraceni…». Questa espressione non è dell'abate di Chiaravalle, ma di papa Gregorio IX, il vecchio cardinale Ugolino, ammiratore di Francesco d'Assisi.

L'ULTIMA CONVERSIONE DI FRANCESCO

Francesco si inserisce in un'altra logica. Ma in una simile atmosfera, essa non si fa in un giorno; apparirà più evidente solo al suo ritorno dall'Egitto. Il Penitente di Assisi non si è convertito una volta per tutte col bacio dato al lebbroso ma ha sempre voluto rimanere un Penitente, uno che lava i piedi di Dio e degli altri, e che nello stesso tempo rimane nell'atteggiamento di attesa e di ascolto dello Spirito.

La conversione è un ritorno a Dio rinnovato senza sosta, un distacco sempre più consapevole dai pensieri e dalle azioni contrarie al Vangelo. Il viaggio in Oriente fu senza dubbio la sua ultima conversione. Essa proviene dalla visione sempre più chiara, maturata a seguito dei suoi incontri, che la fraternità non ha frontiere sulla nostra terra. Qui sta il vero punto di svolta nella prospettiva dell'evangelizzazione.

Per comprendere meglio l'itinerario di Francesco e le sue conversioni «ulteriori», bisogna riprendere la vicenda della sua vita. Nella primavera del 1205, uscito dalla malattia a seguito dell'anno di prigione dopo la guerra tra le città di Assisi e di Perugia, Francesco riparte nella vita impegnandosi nell'armata di Gualtiero di Brienne, in lotta in nome del papa contro l'imperatore germanico installatosi in Sicilia. Bardato di tutto punto come nessuno da suo padre, Francesco prende la strada del sud. Una visione nel sonno gli fa credere che lo aspetta la gloria delle armi. In realtà non va molto lontano, perché a Spoleto, dopo un solo giorno di marcia, una voce gli chiede di pensare ad un'altra cosa: «Perché lasci il padrone per il servo?», e riceve l'ordine: «Torna al tuo paese».

Senza esitare, ma certamente non senza lotta interiore, Francesco ritorna. Possiamo distinguere tre successive tappe del suo percorso spirituale.

1. *Dallo spirito delle crociate all'amore appassionato per il Signore Gesù.* La guerra prevista da Francesco voleva essere un servizio alla Chiesa. Francesco credeva di essere sulla buona via del Vangelo mettendosi al servizio di Innocenzo III. Ora però Cristo non vuole questo zuavo pontificio. Allora che cosa vuole? L'invito «ritorna ad Assisi» evoca quello rivolto a san Paolo: «entra a Damasco». La vita di Francesco oscilla così come quella di un altro, ad Assisi: Pietro Bernardone. Il padre di Francesco riceve la notizia come un pugno alla bocca dello stomaco. I sogni di cavalleria svaniscono. Il suo figliolo sembra squilibrato: non sta affatto diventando il grande borghese che lui, da buon mercante, si aspetta.

Poco a poco povertà e spogliazione diventano la nuova linea di condotta di Francesco. Ciò gli dà la disponibilità e la grazia dell'incontro. E innanzitutto quella dell'incontro con il Crocifisso. Un vero colpo di fulmine!

2. *Dalla mentalità della conquista alla mentalità dell'incontro.* L'incontro con Cristo lo sconvolge ma non lo chiude: lo rimanda verso gli altri. Francesco sta passando dalla mentalità della conquista alla mentalità dell'incontro. Ogni tipo di incontro, che sia con i lebbrosi, o con i briganti, o con il sultano, comporta – l'abbiamo visto – la caduta di un muro o di una paura. Francesco diventa l'uomo dell'incontro senza frontiere. Egli appare un personaggio controcorrente, poiché la sua visione del Vangelo ha fatto di lui un uomo al di là dei muri.

3. *Dallo spirito delle crociate allo spirito della fraternità.* L'incontro è un cammino fraterno che comprende tutti gli uomini e rifiuta ogni esclusione. Per Francesco l'incontro con gli uomini è questione di fraternità. Cristo è mio fratello, Cristo è fratello di ogni uomo; quindi ogni uomo è mio fratello. Per Francesco il volto del Cristo non è quello del Pantocratore che si vede nei magnifici mosaici bizantini. Prima di essere il Signore della gloria della risurrezione, l'uomo-Dio ha vissuto ciò che ha predicato e ha lasciato tutto per essere nostro fratello: «Circondava di un amore indicibile la Madre di Gesù, perché aveva reso nostro fratello il Signore della maestà» (*2Celano* 198 / FF 786). Tutto è in questa prospettiva o intuizione. Francesco, uomo della cristianità, aveva cominciato la sua evoluzione con la scoperta di Gesù, fratello totale di tutti gli uomini.

IL MARTIRIO MANCATO

Come i protomartiri, Francesco era partito con la quasi-certezza che questi «abominevoli saraceni» l'avrebbero messo a morte, ed egli era pronto a dare la sua vita per loro. Ma se i frati di Marrakesh hanno «guadagnato» il loro martirio per aver oltraggiato l'Islam, Francesco ha «mancato» il proprio martirio a causa della cortesia. Vivendo il Vangelo a fior di pelle, egli non poteva insultare coloro che erano fratelli di Gesù Cristo e suoi fratelli. Non è imitazione di Cristo in croce insultare i carnefici. Francesco trovò il vero atteggiamento evangelico in una situazione che non aveva previsto. Immersi in un mondo completamente diverso, lui e il suo compagno sentivano il *muezzin* dell'accampamento di Damietta chiamare i saraceni alla lode dell'Onnipotente.

Se Francesco non conseguì il martirio a Damietta, ricevette però la grazia di un incontro spirituale al di là delle chiusure della Chiesa delle crociate. Si è creduto che la visita al sultano sia stata un fallimento per Francesco stesso. In questo caso però egli non avrebbe spinto i suoi frati a ripartire tra i saraceni.

Egli sapeva che lo Spirito poteva ispirare ai suoi frati l'idea di una tale avventura spirituale: «Qualsiasi frate che vorrà andare tra i saraceni e altri infedeli, vada con il permesso del suo ministro e servo» (*Regola non bollata* XVI, 3 / FF 42) per vivere, senza il potere delle parole, l'amore di Dio e l'amore dei fratelli, pur se apparentemente nemici. Potranno ovviamente parlare quando Dio ne darà loro la grazia, ma soprattutto si preoccupino di dare il gusto del Vangelo a coloro presso i quali abiteranno.

Se un giorno questi saranno assetati di tutte le parole che sanno *provenire dalla bocca di Dio*, risponderanno con l'amore nel cuore e la lode sulle labbra. Nel tempo di Dio e non nel loro, come se fossero padroni del tempo della mietitura.

E poi che, per la sete del martirio, /ne la presenza del Soldan superba /predicò Cristo e gli altri che 'l seguiro (Paradiso XI, 100-12).

Si potrebbe condensare in questo duplice verso dantesco il senso della presenza plurisecolare dei francescani in Terra Santa. Un senso che i frati di Acri, l'antica Tolemaide, praticano ogni giorno in nome di quella regola approvata ufficialmente con bolla pontificia da papa Onorio III nel 1223, dopo il riconoscimento dell'Ordine avvenuto nel 1210 sotto il pontificato di Innocenzo III. Oggi, in questa città carica di storia, esiste una scuola della Custodia di Terra Santa dove studiano gomito a gomito ragazzi cristiani e musulmani e dove insegnano docenti appartenenti a 2 delle tre grandi religioni monoteiste. Un esempio concreto di un'integrazione che avviene, proprio, nel cuore di una terra che non conosce pace. E non è stato certamente un caso se padre Quirico Colel, direttore di questo istituto di Acri, abbia commissionato a padre Nazareno Panzeri – scultore francescano di prim'ordine, classe '35, con all'attivo un numero impressionante di opere sacre realizzate, nell'arco di un quarantennio, in Italia, Europa e Terra Santa – l'esecuzione di tre pannelli fusi in bronzo, delle dimensioni di 65 per 160 cm, ispirati ad alcuni episodi storici e salienti delle vicende cristiane di questa strategica località ed eseguite in bassorilievo elegante, con le spatolate piatte e levigate tipiche dello stile di Panzeri.

«Un pannello – ha precisato padre Nazareno – è stato collocato nella chiesa di San Giovanni Battista presso l'ingresso, mentre gli altri due nella sottostante cripta di Sant'Andrea. Il primo, a sviluppo orizzontale, riporta da sinistra a destra, tre scene attinte al repertorio delle storie francescane e, nello specifico, immortala l'arrivo dell'Assisiate in Terra Santa». Lo sbarco del Poverello, avvenuto presso il porto di Acri nel 1219 al seguito della quinta crociata e dopo i falliti tentativi databili tra il 1212 e il 1215, viene descritto dall'autore attraverso una sorta di climax ascendente che va dal segno di benvenuto di un frate che, abbracciando il fondatore del suo Ordine, si porta la mano al cuore alle raccomandazioni di Francesco a frate Elia – che sarà suo successore e che fu inviato, nel 1217, in Terra Santa con un gruppo di frati minori per costituire la Provincia d'Oltremare – fino al momento più alto e più emotivamente coinvolgente: quello in cui Panzeri «fotografa» l'incontro di san Francesco con il sultano d'Egitto Melek el-Kamel. Il nipote di Saladino appare seduto su un trono nell'atto di ascoltare le argomentazioni del Serafico Padre in piedi di fronte a lui. Tra i due personaggi spicca un fuoco acceso che fa riferimento all'ordalia. «Non seguendo il consiglio del Cardinale Pelagio – spiega Padre Nazareno – Francesco volle incontrare il Sultano rischiando la propria vita per testimoniare Cristo. E se per un verso le fonti (Tommaso da Celano, *Vita* I, 20, Bonaventura, *Legenda major* IX, 7-8) parlano di una cattura di Francesco e di un trattamento ostile da parte dei soldati, per l'altro, esse concordano nel sostenere che tale atteggiamento cessò solo dopo

che il Santo venne condotto dinanzi al sultano che da *bestia crudelis* (come lo definì un noto contemporaneo, Jacopo da Vitry) si trasformò, secondo la testimonianza dell'allora vescovo di Acri, in *uomo mansueto*. È da sfatare – ha ripreso Padre Panzeri – che l'obiettivo di san Francesco fosse quello di convertire il suo interlocutore. Egli, invece, perseguì ed ottenne un nuovo approccio pacifico e non violento con i musulmani unitamente al *signaculum*, ossia una sorta di salvacondotto capace di garantire a sé e ai suoi frati la possibilità di spostarsi e di operare liberamente nella regione. Di qui – ha proseguito l'autore – l'ideale continuità con il secondo pannello che raffigura l'arrivo dei crociati e la consegna della bandiera ai frati». Il cavaliere, deposte le armi e ormai disilluso di ogni tentativo di liberazione armata di Gerusalemme, consegna ai francescani il vessillo con la Croce di Terra Santa. «Qui – incalza Panzeri – è scolpito, non solo, il solenne e arrendevole passaggio di testimone, segnato dall'amara constatazione dell'inefficacia della potenza delle armi, ma la nuova via di pace preferita dai frati minori che, oggi, ritorna prepotentemente attuale e si impone come l'unica strada perseguibile perché, davvero, si pongano le condizioni di possibilità per un dialogo interreligioso costruttivo e rispettoso di confessioni ed etnie diverse ma, non per questo, distanti».

Francesca Nodari

Appendice

Di seguito, una piccola antologia delle fonti che riportano l'incontro tra Francesco e il sultano, tra cronaca e leggenda. Infine, un intervento del Ministro Generale dell'Ordine dei frati minori sulla missione tra i musulmani.

TESTI FRANCESCANI

Desideroso del martirio Francesco prima cerca di andare missionario nella Spagna poi in Siria. Per suo merito, Dio moltiplica i viveri e scampa i naviganti dal naufragio

Animato da ardente amore di Dio, il beatissimo padre Francesco desiderava sempre metter mano a grandi imprese, e, camminando con cuore generoso la via della volontà del Signore, anelava raggiungere la vetta della santità.

Nel sesto anno dalla sua conversione, ardendo di un intrattenibile desiderio del martirio, decise di recarsi in Siria a predicare la fede e la penitenza ai Saraceni. Si imbarcò per quella regione, ma il vento avverso fece dirottare la nave verso la Schiavonia. Allora, deluso nel suo ardente desiderio e non essendoci per quell'anno nessun'altra nave in partenza verso la Siria, pregò alcuni marinai diretti ad Ancona di prenderlo con loro. Ne ebbe un netto rifiuto perché i viveri erano insufficienti. Ma il Santo, fiducioso nella bontà di Dio, salì di nascosto sulla imbarcazione col suo compagno. Ed ecco sopraggiungere, mosso dalla divina Provvidenza, un tale, sconosciuto a tutti, che consegnò ad uno dell'equipaggio, che era timorato di Dio, delle vivande, dicendogli: «Prendi queste cose e dalle fedelmente a quei poveretti che sono nascosti nella nave, quando ne avranno bisogno». E avvenne che, scoppiata una paurosa burrasca, i marinai, affaticandosi per molti giorni a remare, consumarono tutti i loro viveri; poterono salvarsi solo con i viveri del poverello Francesco, i quali, moltiplicandosi per grazia di Dio, bastarono abbondantemente alla necessità di tutti finché giunsero al porto di Ancona. I naviganti compresero ch'erano stati scampati dai pericoli del mare per merito di Francesco, e ringraziarono l'onnipotente Iddio, che sempre si mostra mirabile e misericordioso nei suoi servi.

[Fra Tommaso da Celano, *Vita prima*, parte I, c. 20]

Come sancto Francesco andò in Terra Sancta

Ordinato che hebbe sancto Francesco et pienamente informati ià li Frati, et, quanto era in sé, conformatilj con divini exemplj et parole ad observare puramente et fedelmente et ad reverire la perfectione della vita impromessa; menato dunque et tracto dal fervore della caritade seraphica, per la quale tucto era tirato in Cristo, desiderando de offerir se medesimo hostia viva ad Dio, per fiamma de martirio, tre volte si mise ad andare tra li infedelij. Ma duy volte per disposizione divina fu impedito, acciò per provare più pienamente la fiamma del suo fervore, et per proponerla in exemplo ad quilli che doveriano venire.

La terza volta, dopo multe vergogne et dopo multe bacteture, essendo preso et legato, con multe fatighe, ordinò Christo che fosse menato al Soldano de Babilonia. Et stando nella presentia sua, tucto ardente del foco dello Spirito Sancto, li predicò Iesù Christo et la sua fede, contanta virtude, et con tanta vita et efficace predicatione, che se ne meravigliò esso Soldano, et li altri che erano presenti. Però che alla virtude delle parole, che Christo parlava in luj, el Soldano convertito fo in mansuetudine, et ascoltava le sue parole multo volentieri, contra el decreto della abominabile legge del Maccometto. Et invitòlo stantemente a demorare nella terra sua, et comandò che esso et tucti li Frati suoi potessero andare al sepulcro senza pagare tributo.

[*Leggenda antica*, anno 1318, cap. 13 bis]

Come santo Francesco convertì alla fede il Soldano di Babilonia e la meretrice che lo richiese di peccato

Santo Francesco istigato dallo zelo della fede di Cristo e dal desiderio del martirio, andò una volta oltremare con dodici suoi compagni santissimi, ritti per andare al Soldano di Babilonia. E giugnendo in alcuna contrada di Saracini, ove si guardavano i passi da certi sì crudeli uomini, che nessuno de' cristiani, che vi passasse, potea iscampare che non fosse morto: e come piacque a Dio non furono morti, ma presi, battuti e legati furono e menati dinanzi al Soldano. Ed essendo dinanzi a lui santo Francesco, ammaestrato dallo Spirito Santo predicò sì divinamente della fede di Cristo, che eziandio per essa fede egli voleano entrare nel fuoco. Di che il Soldano cominciò avere grandissima divozione in lui, sì per la costanza della fede sua, sì per lo dispregio del mondo che vedea in lui, imperò che nessuno dono volea da lui ricevere, essendo poverissimo, e sì eziandio per lo fervore del martirio, il quale in lui vedeva. Da quel punto innanzi il Soldano l'udiva volentieri, e pregollo che spesse volte tornasse a lui, concedendo liberamente a lui e a' compagni ch'eglino potessono predicare dovunque e' piacesse a loro. E diede loro un

San Francesco
affronta la prova
del fuoco
(Benozzo
Gozzoli, affresco
nel coro della
chiesa di San
Francesco,
Montefalco).

segnale, per lo quale egli non potessono essere offesi da persona.

Avuta adunque questa licenza così libera, santo Francesco mandò quelli suoi eletti compagni a due a due in diverse partì di Saracini a predicare la fede di Cristo; ed egli con uno di loro elesse una contrada, alla quale giugnendo entrò in uno albergo per posarsi. Ed ivi si era una femmina bellissima del corpo ma sozza dell'anima, la quale femmina maldetta richiese santo Francesco di peccato. E dicendole santo Francesco: «Io accetto, andiamo a letto»; ed ella lo menava in camera. E disse santo Francesco: «Vieni con meco, io ti menerò a uno letto bellissimo». E menolla a uno grandissimo fuoco che si facea in quella casa; e in fervore di spirito si spoglia ignudo, e gittasi allato a questo fuoco in su lo spazzo affocato, e invita costei che ella si spogli e vada a giacersi con lui in quello letto ispiumacciato e bello. E istandosi così santo Francesco per grande ispazio con allegro viso, e non ardendo né punto abbronzando, quella femmina per tale miracolo ispaventata e compunta nel cuor suo, non solamente sì si penté del peccato e della mala intenzione, ma eziandio si convertì perfettamente alla fede di Cristo, e diventò di tanta santità, che per lei molte anime si salvarono in quelle contrade.

Alla perfine, veggendosi santo Francesco non potere fare più frutto in quelle contrade, per divina revelazione sì dispuose con tutti li suoi compagni di ritornare tra i fedeli; e raunatili tutti insieme, ritornò al Soldano e prendette commiato da lui. E allora gli disse il Soldano: «Frate Francesco, io volentieri mi convertirei alla fede di Cristo, ma io temo di farlo ora: imperò che, se costoro il sentissino, eglino uccidereggono te e me con tutti li tuoi compagni, e conciò sia cosa che tu possa ancora fare molto bene, e io abbia a spacciare certe cose di molto grande peso, non voglio ora indurre la morte tua e la mia; ma insegnami com'io mi possa salvare: io sono apparecchiato a fare ciò che tu m'imponi». Disse allora santo Francesco: «Signore, io mi parto ora da voi, ma poi ch'io sarò tornato in mio paese e ito in cielo, per la grazia di Dio, dopo la morte mia, secondo che piacerà a Dio, ti manderò due de' miei frati da' quali tu riceverai il santo battesimo di Cristo, e sarai salvo, siccome m'ha rivelato il mio Signore Gesù Cristo. E tu in questo mezzo ti sciogli d'ogni impaccio, acciò che quando verrà a te la grazia di Dio, ti muovi apparecchiato a fede e divozione». E così promise di fare e fece.

Fatto questo, santo Francesco torna con quello venerabile collegio de' suoi compagni santi; e dopo alquanti anni santo Francesco per morte corporale rendé l'anima a Dio. E 'l Soldano infermando si aspetta la

promessa di santo Francesco, e fa istare guardie a certi passi, e comanda che se due frati v'apparissono in abito di santo Francesco, di subito fussino menati a lui. In quel tempo apparve santo Francesco a due frati e comandò loro che sanza indugio andassono al Soldano e procurino la sua salute, secondo che gli avea promesso. Li quali frati subito si mossono, e passando il mare, dalle dette guardie furono menati al Soldano. E, veggendoli, il Soldano ebbe grandissima allegrezza e disse: «Ora so io veramente che Iddio ha mandato a me li servi suoi per la mia salute, secondo la promessa che mi fece santo Francesco per revelazione divina». Ricevendo adunque informazione della fede di Cristo e 'l santo battesimo dalli detti frati, così ringenerato in Cristo sì morì in quella infermità e fu salva l'anima sua per meriti e per orazioni di santo Francesco.
[*Fioretti*, c. XXIV]

TESTIMONIANZE CONTEMPORANEE A FRANCESCO

Il maestro di questi frati cioè il fondatore di questo Ordine (si chiama frate Francesco: un uomo talmente amabile che è da tutti venerato), venuto presso il nostro esercito, acceso dallo zelo della fede, non ebbe timore di portarsi in mezzo all'esercito dei nostri nemici e per molti giorni predicò ai Saraceni la parola di Dio, ma senza molto frutto. Ma il Sultano, re dell'Egitto, lo pregò, in segreto, di supplicare per lui il Signore perché potesse, dietro divina ispirazione, aderire a quella religione che più piacesse a Dio.

[Giacomo da Vitry, vescovo di Acri, lettera scritta da Damiata nel 1220]

Ora vi dirò di due chierici che si trovavano nell'esercito a Damiata. Un giorno si recarono dal cardinal (legato), e gli manifestarono la loro intenzione di andare a predicare al Sultano; ma volevano fare questo con il suo beneplacito. Il cardinale rispose che, per conto suo, non avrebbe mai dato licenza che si recassero là dove sarebbero stati senz'altro uccisi. Lo sapeva bene lui, che se ci andavano, lui non avrebbe avuto nessuna colpa, perché non era lui che li mandava, ma semplicemente permetteva che vi andassero.

E tanto lo pregarono che il cardinale, costatando che avevano un proposito così fermo, disse loro: «Signori miei, io non conosco quello che avete in cuore e quali siano i vostri pensieri, se buoni o cattivi; ma se ci andate, guardate che i vostri cuori e i vostri pensieri siano sempre rivolti al Signore Iddio». Risposero che non volevano andare dal Sultano, se non per compiere un grande bene, che bramavano portare a compimento. Allora il cardinale disse che potevano pure andarci, se lo volevano, ma che non si pensasse da nessuno che era lui a inviarli.

Allora i due chierici attraversarono il campo cristiano, dirigendosi verso quello dei Saraceni. Quando le sentinelle del campo saraceno li scorsero che si avvicinavano, congetturarono che certo venivano o come portatori di qualche messaggio o perché avevano intenzione di rinnegare la loro fede. Si fecero incontro, li presero e li condussero dal Sultano.

Introdotti alla presenza del Sultano, lo salutarono. Il Sultano rispose al saluto e poi domandò loro se intendevano farsi saraceni oppure portavano qualche messaggio. Essi risposero che giammai si sarebbero fatti musulmani, ma piuttosto erano venuti a lui portatori di un messaggio da parte del Signore Iddio, per la salvezza della sua anima. E proseguirono: «Se tu, sire, vorrai credere alle nostre parole, noi consegneremo la tua anima a Dio, perché ti diciamo in verità che se tu morrai in questa legge che ora professi, sarai perduto né mai Dio avrà la tua anima. Proprio per questo noi siamo venuti. Ma se ci darai ascolto e vorrai comprendere, noi ti mostreremo con argomenti irrefutabili, alla presenza dei più saggi dottori del regno, se li vorrai convocare, che la vostra legge è falsa». [...]

Quando furono radunati insieme, il Sultano espose il motivo per cui li aveva convocati ed ora erano qui alla sua presenza, quello che i due chierici gli avevano proposto e la ragione della loro venuta alla sua corte. Ma essi gli risposero: «Sire, tu sei la spada della legge: a te il dovere di custodirla e di difenderla. Noi ti comandiamo, da parte di Dio e di Maometto, che ci ha dato questa legge, di far subito decapitare costoro. Quanto a noi non ascolteremo mai quello che essi dicono. Ma anche te mettiamo sull'avviso di non ascoltarli, perché la legge proibisce di prestar orecchio ai predicatori di altra religione». [...]

Rimasero soli il Sultano e i due chierici. Allora il Sultano disse loro: «Signori miei, mi hanno detto, da parte di Dio e della legge, che io devo farvi decapitare, perché così è prescritto. Ma io, per questa volta andrò contro la legge; non sia mai che io vi condanni a morte. Sarebbe una ricompensa malvagia fare morire voi, che avete voluto, coscientemente, affrontare la morte per salvare l'anima mia nelle mani del Signore Iddio». [...]

Il Sultano offrì loro un abbondante pasto. Finito, essi si congedarono da lui, che li fece scortare sani e salvi fino all'accampamento dei cristiani.

[*Cronaca di Ernoul*, 1227-1229, cap. 37 in FF 2231-2234]

LEGGENDE

San Francesco d'Assisi e il Valì di Gerusalemme

In quel giorno piombava su Gerusalemme un sole sì forte che per le strade non s'incontrava se non qualche straccione sdraiato all'ombra fra sassi ed attorniato da cani. Tutti dormivano, incominciando dal Valì fino all'ultimo soldato di sentinella.

Due uomini ch'erano allora allora entrati per le fessure delle mura, camminando camminando erano giunti all'atrio della Basilica del S. Sepolcro. Vestiti per metà da monaci e per il resto da mendicanti, portavano un lungo cappuccio che copriva loro la testa rasata, ai fianchi erano stretti da una corda alla quale tenevano appesa una zacca da viaggio, e si appoggiavano ad un ramo sfrondato di palmizi raccolto nel deserto. Il più anziano dei due monaci, sebbene per la stanchezza fosse chino sul bastone, picchia con mano ferma alla porta sempre chiusa del S. Sepolcro. La guardia che vegliava sotto l'atrio, abbandonata alle dolcezze del chilo, si scosse, aprì lo sportello e con voce irritata domandò che cosa chiedeva. Vogliamo venerare il S. Sepolcro, rispose il più anziano dei due monaci! La sentinella stendendo la mano riprese: Nove zecchini d'oro per testa, totale: diciotto zecchini; pagate! Era quella la tassa che si doveva pagare a Maometto per potere venerare il Sepolcro di Gesù Cristo!

Non abbiamo nulla, soggiunse il monaco più anziano, fateci entrare per amor di Dio!

Ah, miserabile, non hai nulla e vieni a svegliarci! Gli altri soldati svegliati dal rumore si alzarono, si fecero sopra i due malcapitati monaci, li percossero, li legarono, e li condussero avanti il Valì.

Dormiva ancora; lo destarono, ma il cattivo umore gli si leggeva negli occhi; ascoltato il rapporto del capoguardia, ordina che i due monaci paghino la somma richiesta, poi altrettanto per pena.

Ma non abbiamo nemmeno un parà, rispose timidamente il più anziano dei monaci. Se non lo credi, Signore, ordina ai tuoi soldati che ci perquisiscano; noi siamo frati mendicanti, non riceviamo mai moneta da persona ed abbiamo il pane dal buon Dio.

Miserabili, riprese il Valì, e voi osate chiedere d'entrare

al S. Sepolcro? Allora voi siete penetrati furtivamente a Gerusalemme; e per vostra confessione, voi non avete pagato neppure il diritto d'entrata alla porta di Giaffa. Boia, taglia loro la testa!

Con la spada si accosta il boia, e con un riso feroce mette la pesante mano su la testa china del frate. Un momento, dice questi: che cosa è per te, o Valì, un minuto di più o di meno? Io ho una lettera nella tasca da petto della tonaca, ordina che mi sia levata, e fa il favore di leggerla.

Il Valì, sopreso, comanda si cerchi la lettera; era un pezzo di pergamena piegata, dalla quale attaccato ad un filo rosso di seta pendava un sigillo in cui a caratteri d'oro vi era scritto in arabo il nome del potente Sultano d'Egitto: El-Melek-el-Kamel. Il Valì prende in mano la pergamena, riconosce la scrittura del sigillo, gli si colora il viso del pallore della morte e gli cade di mano la pergamena. Viene raccolta e, riavutosi alquanto, il Valì dice al suo segretario di leggerla. Questi la spiega, era scritta con inchiostro carminio; legge stentatamente, perché gli occhi gli facevano cecca dalla paura.

Era l'ordine del re dei re, del Sultano dei sultani, che dichiarava di prendere sotto la sua affettuosa protezione Frate Francesco, il suo più diletto amico, che gli era caro quanto il cuore, perché glielo aveva commosso con la parola e coi miracoli. Unitamente al compagno lo raccomandava al cugino Sultano di Damasco, e a tutte le autorità dell'Impero, minacciando le pene più severe a chi avesse osato di recare il menomo disturbo al suo amico Francesco ed al compagno di lui.

Il Valì, udita la lettera, sciolse con le sue mani le catene a Francesco e, perdona, gli disse supplicandolo, e dimentica quanto ti è accaduto. Ti prego per amor del tuo Gesù a non voler fare scaricare su di me l'ira del potente sultano d'Egitto. Accetta intanto un sorbetto e domandami quanto desideri. Vedi questa borsa, essa contiene cento pezze d'oro, ti prego a gradirla.

Ma io te l'ho detto, o Signore, che noi non accettiamo né oro né argento; tu sta di buon animo, e non temere nulla dal Sultano d'Egitto. Ma poiché sei tu così gentile da offrirci una grazia, ascolta: traversando or ora il quartiere spopolato del Sion, m'è caduta sott'occhi una topaia abbandonata e cascante. Ti prego a regalarla in perpetuo a me ed ai miei frati. Io vi farò una piccola abitazione per me e per loro, onde poter pregare Gesù accanto al luogo ove egli celebrò l'ultima cena con gli apostoli. T'assicuro che di questo ti sarò ben grato, e ti raccomanderò ai Sultani d'Egitto e di Damasco che ne saranno contenti, e su mia domanda ti daranno, ne son certo, una residenza più importante di Gerusalemme.

Accordato! Esclamo il Valì, contento di aversela scampata sì felicemente. Cancelliere, gridò, scrivi su due piedi l'atto di donazione, cui apporrò subito il mio sigillo.

Intanto tu, o uomo di Dio, rimani finché vorrai a Gerusalemme, e prendi pure la custodia del Sepolcro del Figlio di Maria, io te lo consegno e ti autorizzo di dimorarvi e adornarlo, come ti talenta.

E fu così che S. Francesco d'Assisi, l'amico di Dio che parlava con gli uccelli, fondò il primo convento francescano a Gerusalemme.

[da «La Terra Santa», a. I, n. 10, 15 ottobre 1921, pp. 149-151]

La missione per gli eredi di Francesco

La missione tra i musulmani. Il dialogo della vita

Noi, frati minori, abbiamo ricevuto da Francesco una grande eredità: andare tra i Saraceni e gli altri infedeli. Il nostro Ordine è missionario: il primo Ordine missionario della Chiesa. Per la prima volta nella storia della vita religiosa si stabilisce come normale la vocazione apostolica tra gli infedeli. La missione dell'Ordine è aperta e universale. La vocazione missionaria dei frati minori viene ad essere come l'espressione ultima del Vangelo vissuto cattolicamente. Che la Regola bollata si concluda con il capitolo dedicato a questa missione tra i Saraceni e gli altri infedeli è molto significativo. È come se ci dicesse che la missione è il vertice della vocazione evangelica del frate minore. [...]

Quali sono gli strumenti che abbiamo per realizzare questa missione?

Le Regole, quella non bollata e la bollata, ci offrono importanti principi da tener presenti sia per la missione in generale che per quella specifica tra i Saraceni e gli altri infedeli. Vediamo i più importanti.

1. *Il discernimento.* Secondo la Regola non tutti sono chiamati ad andare tra i musulmani. Questa è una vocazione dentro la vocazione francescana: «Tutti quei frati che, per divina ispirazione, vorranno andare tra i Saraceni e tra gli altri infedeli, ne chiedano il permesso ai loro ministri provinciali. I ministri poi non concedano a nessuno il permesso di andarvi, se non a quelli che vedranno idonei ad essere mandati» (Rb 12,1-2).

È significativo che per andare tra i Saraceni e gli altri infedeli si usi la stessa espressione usata quando si parla dell'entrata nell'Ordine: per divina ispirazione (Rnb 2,1). Questa esigenza, che è scomparsa nel testo della Regola bollata quando si parla di abbracciare questo genere di vita (cf Rb 2,1), viene introdotta senza esitazione in questa Regola quando di parla dell'andare tra i Saraceni e gli altri infedeli (cf Rb 12,1).

Mi colpisce, inoltre, l'insistenza presente sia nella Rnb 16 che nella Rb 12 sulla necessità di discernere la volontà di quanti vogliono andare tra i Saraceni e gli altri infedeli. «Ci sono tante illusioni!», afferma Javier Garrido commentando il testo della Regola e aggiunge: «la più pericolosa di tutte è quella che nasce dai migliori desideri, quella dell'eroismo». Il missionario non è un eroe. È un frate che risponde a una chiamata dello Spirito, vero protagonista della missione, tanto al suo inizio come nel suo svolgersi. Non si va in missione e non la si sceglie in base al proprio progetto personale. La missione è una vocazione particolare che viene da Dio, è ispirata da Dio, e che chiede al chiamato una risposta generosa.

Oltre a questa tentazione certamente reale, Francesco ci mette in guardia da un'altra tentazione, non meno concreta, che riguarda i ministri. Essi devono discernere l'idoneità del frate in assoluta libertà e con grande spirito di generosità. [...]

2. *Il metodo missionario*. Il principio generale per i frati in missione è quello che Francesco offre per tutti i frati che vanno per il mondo: «Consiglio, poi ammonisco ed esorto i miei frati nel Signore Gesù Cristo, che quando vanno per il mondo, non litighino ed evitino le dispute di parole e non giudichino gli altri; ma siano miti, pacifici e modesti, mansueti e umili, parlando onestamente con tutti, così come conviene» (Rb 3,10). Il tono solenne e il carattere personale di questa esortazione, la seconda della Regola, ci fa capire che siamo di fronte ad uno dei nuclei della stessa *forma vitae* francescana. I frati, in permanente stato di missione, devono vivere una vita conforme alla beatitudine di Gesù, vivendo in ogni momento il ministero della riconciliazione (cf 2Cor 5; Ef 2), per mezzo dell'amore che sopporta e spera senza limiti, cioè seguendo le orme di Gesù, il quale si caricò dei nostri peccati (Am 5,15). La missione francescana, qualunque sia la sua manifestazione concreta, deve essere ispirata alla dinamica della beatitudine.

Per Francesco la nostra missione non è quella di rivendicare niente, ma quella di «fare penitenza» e di essere minori (Rnb 9; Test 7-8). Per Francesco minorità e mi-

Paolo Gaidano, *I francescani assistono gli appestati di Gerusalemme* (1898); convento di San Salvatore, Gerusalemme.

nistero della riconciliazione sono dimensioni della stessa missione. Secondo i biografi Francesco è profeta di pace (1Cel 23; 36; 42; 101), e uomo di riconciliazione (LP 75; 108). Tra le righe possiamo leggere la metodologia usata da Francesco in questa missione: la non violenza, sperando contro ogni speranza nell'efficacia dell'amore attivo e forte, e l'amore indifeso, che confida nel cuore umano, nonostante le apparenze. Così lo affidò all'Ordine, come compito fondamentale (LP 84). Tutto questo indica la minorità come atteggiamento essenziale del nostro andare per il mondo, anche tra i Saraceni e gli altri infedeli.

Il metodo missionario francescano è, pertanto, inseparabile dalla minorità, dall'atteggiamento di servizio e di dialogo, soggetti ad ogni umana creatura per amore di Dio (Rnb 16,7). Questo fa sì che si dia priorità alla persona dell'altro, che si cerchi, prima di tutto, l'uomo, considerando l'altro fratello o sorella. Il missionario francescano è chiamato a mettersi in relazione evangelica con l'altro, facendosi accoglienza, ascolto e sviluppando sentimenti di simpatia e di cortesia. Il missionario francescano è chiamato ad accogliere e rispettare l'altro in ogni momento, a vivere la solidarietà fino alle ultime conseguenze, a camminare con l'altro. Per il missionario francescano la persona deve contare più della cultura, credo religioso compreso

Le armi proposte da Francesco per la missione, in contrapposizione alle armi dei crociati, sono la mansuetudine e la semplicità, senza dimenticare, ovviamente, la prudenza (Rnb 16,1). I frati sono chiamati a partire per la missione, soprattutto tra i Saraceni e gli altri infedeli, come persone libere da ogni ideologia e senza confidare in alcun potere umano, ma solo nel Signore che li manda. La loro unica forza è la potenza della Parola del Signore e la potenza di Dio, che si manifesta nella debolezza degli uomini.

3. *Prima la vita.* La vocazione del frate minore è quella di seguire Cristo e mostrarlo agli altri. Per questo ogni frate e, in particolare, il missionario francescano, dà il primato alla vita evangelica rispetto al ministero pastorale. Non fa proselitismo, non «conquista», prima di tutto testimonia; non dimostra, prima di tutto mostra, rende visibile ciò che per lui è tutto il bene, il sommo bene, la ricchezza a sufficienza (LodAl). Il missionario francescano, e non solo, deve tener presente che ciò che veramente attraeva di Francesco non era la sua eloquenza, ma il suo essere uomo di Dio. Il missionario francescano, come Francesco, è l'uomo che, «senza nulla di proprio», radicalmente povero, si sente ricco testimoniando Colui che è tutto.

Il missionario tra i Saraceni e gli altri infedeli non rinuncia a nessuna occasione per predicare il Vangelo, ma lo fa prima con la sua vita e, solo quando sembrerà opportuno – di nuovo il discernimento – predicando esplicitamente. Non è evidente il contrasto tra il metodo missionario francescano e quello delle crociate di ieri e di oggi? [...]

In sintesi, il metodo missionario francescano si può

riassumere in queste parole: inculturazione, presenza fraterna, rispetto, dialogo e solidarietà con tutti, specialmente con gli ultimi, i diseredati, gli esclusi.

La preparazione di missionari

1. *L'antropologia della reciprocità.* Penso che in questo momento sia necessaria una «rivoluzione» educativa e formativa, anche nel nostro Ordine, non solo a livello metodologico, ma anche antropologico. Approfondire l'antropologia della reciprocità mette in luce il significato dell'apertura all'altro, del riconoscimento e del rispetto dell'altro, del cammino e dell'incontro con l'altro.

In un mondo ferito dagli egoismi, dalle guerre e dalle violenze è urgente infondere un nuovo umanesimo, una nuova *paideia* per l'uomo planetario. L'educazione deve sentirsi provocata dalla presenza di molti «volti nuovi», che diventano nostri «prossimi» e sono «te stesso», secondo l'intuizione di Lévinas. L'educazione deve lasciarsi interpellare da questa società, così complessa, a farsi carico dell'altro. Per questo è necessario uscire da se stessi, dal proprio egoismo ed egocentrismo, dalla propria indifferenza e da eventuali conflitti con il diverso, con l'altro.

2. *La multiculturalità.* Abbiamo bisogno, lo vedo come un compito urgente, di educarci a conoscere, comunicare e convivere con la diversità, per l'interdipendenza reciproca della comune appartenenza. Si tratta, in definitiva, di un'educazione multiculturale. Come attuarla? Un'educazione multiculturale deve fondarsi su alcuni principi che personalmente considero irrinunciabili:

– Valorizzare la persona umana. Credere che la persona umana, chiunque sia, vale più di qualunque progetto o fine. Questo è, a mio modo di vedere, la sfida più grande nel mondo di oggi, crocifisso da guerre fratricide, etniche e religiose, a causa dell'egoismo e della violenza organizzata. Da qui l'urgenza di imparare a vivere insieme […].

Mi sembra sempre più urgente mantenere viva la passione per la causa della persona umana, che merita rispetto, tutta la nostra attenzione, e, soprattutto, tutto il nostro amore. A cosa serve voler salvare la natura minacciata da ogni parte, se non salviamo l'uomo, altrettanto minacciato?

Non posso fare a meno di confessare la mia simpatia per la proposta di un famoso studioso di Roma, Riccardo Petrella, che suggerisce di porre come obiettivo prioritario del sistema educativo quello di imparare a dire buon giorno all'altro, che significa riconoscere l'esistenza dell'altro, apprendere la democrazia e viverla, imparare la solidarietà. È urgente, come segnalava ormai qualche anno fa Paul Ricoeur, comprendere e insegnare a comprendere ciò che è diverso. È urgente assicurare a tutti la comune identità umana, rispettando la propria identità.

– Passare dall'«io» al «noi». Nella nostra cultura, dominata dal «soggettivismo», credo sia necessario lottare apertamente contro il soggettivismo esacerbato e contro tutto ciò che questo comporta: egoismo, etnocentrismo, particolarismi che fomentano la percezione negativa dell'altro, che, a sua volta, può provocare atteggiamenti di paura, indifferenza, intolleranza e razzismo nelle sue diverse forme. L'assolutizzazione della propria identità e l'attaccamento alle proprie particolarità portano al disprezzo degli altri e dell'«altro». La soluzione? La soluzione sta nel riconoscimento dell'uguale dignità dell'altro. L'altro esiste con me, vive con me e insieme formiamo la «famiglia umana», come è scritto nella Dichiarazione universale dei diritti umani.

– Camminare dietro all'altro, cioè, lasciarsi educare dall'altro, dal diverso, in un atteggiamento di apertura, umiltà, gratitudine, cooperazione, solidarietà. Far sì che l'altro sia il criterio e la misura delle mie azioni. Questo porta all'ascolto, al rispetto, all'amore…

3. *Il dialogo.* Etimologicamente dialogo viene da *dia-logos*, che alla lettera significa lasciarsi attraversare dalla parola dell'altro. Questo ci può aiutare a pensare il dialogo come una specie di conversione in cui le persone si pongono in relazione. Solo questa relazione renderà possibile la comprensione e il rispetto, mete a cui tende ogni vero dialogo.

Vedo come indispensabile quattro atteggiamenti perché questa relazione si possibile:

– Chiarezza. Questa a sua volta suppone aver un chiaro senso della propria identità personale. Non ci può essere dialogo autentico senza sapere da dove si parte, senza che ciascuno sappia chi è e chi ha davanti, senza essere fedeli alla propria identità. Questa fedeltà alla propria identità, lontano dall'essere vissuta in modo fondamentalista, atteggiamento che nasce dalla paura a pensare e dall'illusione di una fede senza domande, deve essere vissuta in permanente atteggiamento di ascolto e di rispetto, di cordialità e di sincerità. Solo questi atteggiamenti ci porteranno a crescere nel dialogo fatto di ascolto e di annuncio. […]

– Mansuetudine. Non è un atteggiamento frequente ma, senza dubbio, è fondamentale per il dialogo. Il mansueto non è altezzoso ed è libero dal risentimento, anche quando ha fatto esperienza dell'offesa o del rimprovero. La mansuetudine è incompatibile con i metodi violenti. D'altra parte il mansueto apprende a non prendersi troppo sul serio ed è sempre disposto ad imparare dall'altro.

– Capacità di affrontare i conflitti e il confronto critico con posizioni diverse a partire dalla passione per l'uomo e la sua ineludibile dignità. Il conflitto, come ben sappiamo, non è per se stesso un male. Tutto dipende da come lo si gestisce. Credo molto importante educare ed educarsi per affrontare adeguatamente i conflitti.

– Fiducia. Non si tratta solo di fiducia nelle proprie parole, ma anche di un riconoscimento delle parti coinvolte nel dialogo. La fiducia rende possibile il dirsi apertamente la verità, ma esprimendola sempre con amore.

4. *La cultura dell'accoglienza e dell'ospitalità.* Questa cultura affonda le sue radici nella comprensione dell'altro come ineludibile per poter dire se stessi. La cultura postmoderna, dominata dall'ideologia neoliberale e sostenuta dalla cultura mediatica, favorisce la creazione di identità narcisistiche, centrate sul culto di sé e dell'apparenza. In questo contesto diventa urgente formarsi e formare ad una cultura dell'accoglienza e dell'ospitalità. Ritengo, per questo, necessario superare modelli formativi basati sul concetto di perfezione individuale e di oggettività sacrale a favore di modelli basati sul concetto di incontro e di dialogo.

A mio modo di vedere questo comporta:

– Uscire dal proprio contesto sociale. Lasciare le sicurezze della propria tradizione culturale, per poter incontrare il diverso da sé e, allo stesso tempo, mostrare come giustamente, in questo abbandono di sé, in questo continuo cammino di *kenosi* verso lo «straniero», la persona si realizza e realizza la propria vocazione.

– Incontrare parole capaci di creare comunione con le persone che sono diverse. È indispensabile formarsi e formare al rispetto del «diverso», alla capacità di ascoltare e di tener presenti i punti di vista che sono diversi dai nostri. È prioritario formarci e formare per «abbracciare» e non solo «sopportare» le differenze etniche, culturali e teologiche, anche nelle nostre Fraternità.

– Nell'era del «rapporto virtuale» è fondamentale educarsi a vivere in un rapporto che sia insieme profondo, libero e liberatore. Solo in questo tipo di relazione si potrà ascoltare l'altro nella sua «alterità», senza cadere nella tentazione di ridurlo ai nostri schemi, fino ad arrivare anche ad eliminarlo. Si tratta, dunque, di un cammino di discernimento in libertà, intesa come controllo di sé che sfocia nella consegna di sé.

Conclusione. Il missionario francescano, in particolare quello che vive tra i musulmani, è colui che, in seguito all'adesione a Cristo, si dona totalmente, senza riserve e senza risparmiare energie o tempo; è colui che si dona gratuitamente; colui che vive la logica del dono fino all'estremo, sapendo che nulla gli appartiene, che tutto è dono che si riceve e che, quindi, va restituito; colui che esce continuamente da se stesso per andare incontro all'altro, al diverso (Spc 19-25). Il missionario francescano, soprattutto quello che vive tra i musulmani, è colui che, basando la sua vita sulle beatitudini, sceglie per il dialogo della vita, per una presenza in mezzo alle frontiere, dando testimonianza che «non c'è altro onnipotente eccetto lui» (LOrd 9).

[Fr. José Rodríguez Carballo, ofm, Ministro generale dell'Ordine dei frati minori (18.09.2007, in *Enchiridion dell'Ordine dei frati minori 2003-2007*, III, Edizioni L.I.E.F., Vicenza 2009, nn. 1223-1541]

Indicazioni bibliografiche

G. BASETTI-SANI, *Muhammad et Saint François*, Ottawa 1954.

ID., *L'Islam e Francesco d'Assisi: la missione profetica per il dialogo*, La Nuova Italia, Firenze 1975.

G. JEUSSET, *Dio è cortesia*, Edizioni Messagero, Padova 1988.

A. AJELLO, *La croce e la spada. I francescani e l'Islam nel Duecento*, Istituto per l'Oriente, Napoli 1999.

Fonti Francescane, a cura di E. Caroli, Edizioni Messaggero, Padova 2000.

J. HOEBERICHTS, *Francesco e l'Islam*, Edizioni Messagero, Padova 2002.

K. A. WARREN, *Daring to Cross the Threshold: Francis of Assisi Encounters Sultan Malek Al-Kamil*, Sisters of St. Francis, Rochester-Milano 2003.

J. TOLAN, *Le Saint chez le sultan*, Ed. du Seuil, Paris 2007.

G. JEUSSET, *Francesco e il sultano*, Jaca Book, Milano 2008.